国家出版基金项目
NATIONAL PUBLICATION FOUNDATION

记住乡愁

——留给孩子们的中国民俗文化

刘魁立◎主编

第八辑 传统营造辑

关晓武◎编著

造车趣谈

本辑主编 刘 托

黑龙江少年儿童出版社

序

亲爱的小读者们，身为中国人，你们了解中华民族的民俗文化吗？如果有所了解的话，你们又了解多少呢？

或许，你们认为熟知那些过去的事情是大人们的事，我们小孩儿不容易弄懂，也没必要弄懂那些事情。

其实，传统民俗文化的内涵极为丰富，它既不神秘也不深奥，与每个人的关系十分密切，它随时随地围绕在我们身边，贯穿于整个人生的每一天。

中华民族有很多传统节日，每逢节日都有一些传统民俗文化活动，比如端午节吃粽子，听大人们讲屈原为国为民愤投汨罗江的故事；八月中秋望着圆圆的明月，遐想嫦娥奔月、吴刚伐桂的传说，等等。

我国是一个统一的多民族国家，有56个民族，每个民族都有丰富多彩的文化和风俗习惯，这些不同民族的民俗文化共同构筑了中国民俗文化。或许你们听说过藏族长篇史诗《格萨尔王传》

中格萨尔王的英雄气概、蒙古族智慧的化身——巴拉根仓的机智与诙谐、维吾尔族世界闻名的智者——阿凡提的睿智与幽默、壮族歌仙刘三姐的聪慧机敏与歌如泉涌……如果这些你们都有所了解，那就说明你们已经走进了中华民族传统民俗文化的王国。

你们也许看过京剧、木偶戏、皮影戏，看过踩高跷、耍龙灯，欣赏过威风锣鼓，这些都是我们中华民族为世界贡献的艺术珍品。你们或许也欣赏过中国古琴演奏，那是中华文化中的瑰宝。1977年9月5日美国发射的"旅行者1号"探测器上所载的向外太空传达人类声音的金光盘上面，就录制了我国古琴大师管平湖演奏的中国古琴名曲——《流水》。

北京天安门东西两侧设有太庙和社稷坛，那是旧时皇帝举行仪式祭祀祖先和祭祀谷神及土地的地方。另外，在北京城的南北东西四个方位建有天坛、地坛、日坛和月坛，这些地方曾经是皇帝率领百官祭拜天、地、日、月的神圣场所。这些仪式活动说明，我们中国人自古就认为自己是自然的组成部分，因而崇信自然、融入自然，与自然和谐相处。

如今民间仍保存的奉祀关公和妈祖的习俗，则体现了中国人崇尚仁义礼智信、进行自我道德教育的意愿，表达了祈望平安顺达和扶危救困的诉求。

小读者们，你们养过蚕宝宝吗？原产于中国的蚕，真称得上伟大的小生物。蚕宝宝的一生从芝麻粒儿大小的蚕卵算起，中间经历蚁蚕、蚕宝宝、结茧吐丝等过程，到破茧成蛾结束，总共四十余天，却能为我们贡献约一千米长的蚕丝。我国历史悠久的养蚕、丝绸织绣技术自西汉"丝绸之路"诞生那天起就成为东方文明的传播者和象征，为促进人类文明的发展做出了不可磨灭的贡献！

小读者们，你们到过烧造瓷器的窑口，见过工匠师傅们拉坯、上釉、烧窑吗？中国是瓷器的故乡，我们的陶瓷技艺同样为人类文明的发展做出了巨大贡献！中国的英文国名"China"，就是由英文"china"（瓷器）一词转义而来的。

中国的历法、二十四节气、珠算、中医知识体系，都是中华民族传统文化宝库中的珍品。

让我们深感骄傲的中国传统民俗文化博大精深、丰富多彩，课本中的内容是难以囊括的。每向这个领域多迈进一步，你们对历史的认知、对人生的感悟、对生活的热爱与奋斗就会更进一分。

作为中国人，无论你身在何处，那与生俱来的充满民族文化DNA 的血液将伴随你的一生，乡音难改，乡情难忘，乡愁恒久。这是你的根，这是你的魂，这种民族文化的传统体现在你身上，是你身份的标识，也是我们作为中国人彼此认同的依据，它作为一种凝聚的力量，把我们整个中华民族大家庭紧紧地联系在一起。

《记住乡愁——留给孩子们的中国民俗文化》丛书，为小读者们全面介绍了传统民俗文化的丰富内容：包括民间史诗传说故事、传统民间节日、民间信仰、礼仪习俗、民间游戏、中国古代建筑技艺、民间手工艺……

各辑的主编、各册的作者，都是相关领域的专家。他们以适合儿童的文笔，选配大量图片，简约精当地介绍每一个专题，希望小读者们读来兴趣盎然、收获颇丰。

在你们阅读的过程中，也许你们的长辈会向你们说起他们曾经的往事，讲讲他们的"乡愁"。那时，你们也许会觉得生活充满了意趣。希望这套丛书能使你们更加珍爱中国的传统民俗文化，让你们为生为中国人而自豪，长大后为中华民族的伟大复兴做出自己的贡献！

亲爱的小读者们，祝你们健康快乐！

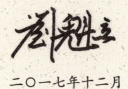

二〇一七年十二月

目 录

历史长河中的古车

| 历史长河中的古车 |

商至秦代古车

车马是古代陆路运输的主要工具，在社会生活中占据举足轻重的地位。

关于车的出现，有"黄帝造车"和"奚仲造车"等不同说法。考古中发现的车的最早实物来自商代，在河南安阳殷墟发现十几辆木质结构腐朽的车的痕迹。在殷墟甲骨文和商代青铜器铭文中也能找到"车"的象形字。

殷商时期的车，由辕、轮、轴、衡、轭（è）、舆（yú）等部分构成，均以木材制作。辕，也称作辀，商周时期的车辕是一根曲木，在车的中间，叫作独辀车；自春秋战国开始，车辕多是两根直木，在车前两侧，这样的车称为双辕车。辕主要用于驾牲畜，辕尾端套有铜饰。轴，是穿在车轮中间的圆柱形物件，车轮绕着它转动，轴末端安装铜軎（wèi），起保护作用，铜軎上插木辖。衡，是车辕前端的横木。轭，是牛马等

| 殷墟车马坑遗址 |
关晓武　摄

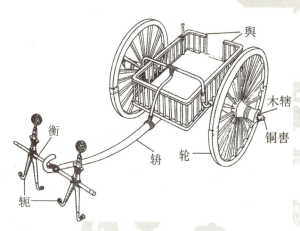

| 古车各部位
名称 |

周围有栏杆，有的上面有盖。

河南安阳殷墟遗址车马坑中还发现成套的青铜武器，说明马车在当时主要用于皇室贵族间的战争以及狩猎等。西周马车沿袭商代，但有所改进，鞍具辔饰等也更加多样。

车最早主要用牛、马牵引，有时也用经过驯养的其他牲畜牵引。河南安阳殷墟遗址出土了数量众多、形制完备的车马遗迹，可见马车

拉车时架在脖子上的器具，系在衡上，两脚架于马颈上。舆，是车上可以载人载物的部分，舆呈半圆形或簸箕形，

| 河南安阳殷墟
遗址 |

在当时已经很常见。牛车与马车一样古老，在商周遗址中曾出土过一些穿鼻系环、可以牵引的玉牛和铜牛造像。这说明商周时期人们已经掌握系驾牛车的方法。

春秋战国时期，畜力车除沿袭已有的马车、牛车外，增加了驼车。人力车除皇室贵族乘坐的辇车外，增加了载人运物的篷车和板车。

从形制来看，商周时期的车辆一般为独辀双轮、一衡双轭的结构，每辆车至少需要两匹马来拉，舆身较窄，载重量小。春秋战国之际，出现一种双辕双轮车型，车舆身增宽，其上可置卷篷，能载人运物。一马拉一车，具有容易驾驶、载重量大的优点。

迄今所知，我国最早的双辕牛车陶塑模型在陕西凤

秦始皇陵铜车马一号车

翔八旗屯战国早期墓出土，最早的双辕马车实物则在一些战国晚期墓出土。从此开始，双辕车逐步取代独辀车，成为我国古代车辆的主要发展类型。

1980 年，陕西临潼秦始皇陵封土西侧出土两乘彩绘青铜车马模型及车载器物模型，大小约为真实马车的二分之一。

两车均为单辕、双轮、四马系驾，有一名驭手驾驭，

秦始皇陵铜车马二号车

据推测，一号车为立车，御者立于车上，在车队中起警卫和征伐的作用。车上配备有铜弩、铜盾、铜矢等兵器。二号车为安车，御者坐在车上。两车通体彩绘，装饰华丽，形制规整，生动逼真，整体设计严谨合理。零部件虽多，但组装搭配巧妙，功能明确。在制造方法上，运用了多种高难度工艺。

由一百多组部件组装而成。除青铜构件外，两车还使用了很多金银构件，每车零件总数累计三千多件。

汉至唐代古车

战国以后，马车从独辀车过渡到双辕车，迅速成为人们日常出行的代步工具。

汉朝时期，随着车辆的种类增加、结构优化，其使用范围逐渐从上层社会扩大到下层民间。

牛车则从运送粮草杂物的"柴车"，演变出一种供

人常乘的"栈车"。《史记·平准书》在描述西汉初年的社会景象时，谈到了这种变化："自天子不能具钧驷，而将相或乘牛车。"说的是西汉初年，自天子以下备不齐一辆由四匹同样颜色马拉的车子，将军、丞相有时乘坐牛车。这个记载证明汉朝之前，

一般贵族不乘坐牛车，牛车只是一般平民百姓才乘坐的低级车。西汉初年，经济凋敝，贵族阶层无奈也开始乘坐牛车。

在汉代，还出现了一种在民间普遍使用的人力独轮车，汉代石阙和画像砖上对其形制皆有描绘。这种人力独轮车的最大特点是中间仅有一个车轮，一般由一人推动，适宜在狭窄的道路上推行，载重量比肩挑背扛、畜力驮载多数倍。根据史籍记载，三国时期诸葛亮北伐时，蒲元创造"木牛"为军队运送粮草。有人认为当时的"木牛"，就是一种经过改造的特殊独轮车。

在汉代，身份地位不同，乘坐的车也不同。皇帝乘坐的"辂（lù）车"和"金根车"是最高级的马车。高级官吏乘坐两侧有屏障的"轩车"，一般官吏乘坐有伞盖、四面敞露的"轺（yáo）车"，贵族妇女乘坐有帷幕的"軿（píng）车"。此外，还有许多为某一特定目的而制作的专用车辆，如大车，也叫牛车。汉代大车的样子和现在的大车相似，车体长，有的带篷盖，多用于载物。甘肃武威东汉墓出土一件木制

西汉彩绘木轺车

|唐代陶牛车|

牛车模型，舆前上下装置了有栏板的门窗，舆后有两扇门，可以开闭。

从东汉末年开始，连年战乱不止，马匹数量骤减，乘坐高级牛车的风气在上层社会日益浓厚。其后，牛牵引的栈车的舆厢增大，内部设施更加舒适，外观装饰也愈加华丽，成为上层社会的常乘工具。

三国两晋南北朝时期，车辆的局部结构、系驾方式和外观装饰得到改良。双辕马车的系驾又有了进一步改变，车辕变直，取消了挽绳，像牛车那样将车辕压在马肩上来拉车。

隋唐之际，贵族豪门仍崇尚乘坐牛车。唐朝时主要有马车、牛车、辇以及用于战争的战车等。辂车这样的高级马车，只在举行盛大典礼时偶尔使用。牛车不仅样式繁多，而且相当豪华。从出土的唐代彩绘陶牛车可以看出，车顶为卷篷式，前后出檐，两端上翘。车厢呈长方形，前面有栅栏式装饰，后左侧开有圆拱形门，四周有贴花装饰，且左右两侧花饰图案相同，双轮各有16辐，轮毂粗大结实。

两宋至清代的古车

两宋继承隋唐风气，以驾牛车为主，间有骡车、驴车。自两宋开始，人们不喜欢乘车的颠簸，而乐于享受坐轿的舒适，出行时但求安稳不求快速，乘轿之风渐兴。因此宋代制车业主要以制造载货车为主，当时称为"太平车"。北宋张择端在《清明上河图》中描绘了十余辆不同式样的车，其中用四匹或两匹骡子拉的大车即太平车，形制和文献所记载的完全相符。

太平车由人驾辕，牲畜拉车，缰绳一端缚在牲畜颈部的轭套上，另一端缚系在车轴上。用这种系驾方法，车速较慢，但负载多，适于短途运输。当时还有一种用于长途运输的载货车，叫平头车。宋代孟元老的笔记体

散文《东京梦华录》中对平头车有这样的记载："亦如太平车而小，两轮前出长木

|《清明上河图》中的太平车|

|宋代牛拉平头车|

作辕，木梢横一木，以独牛在辕内项负横木，人在一边，以手牵牛鼻绳驾之。"

北宋的《清明上河图》、五代的《闸口盘车图卷》、南宋的《溪山行旅图》《盘车图》等画作中皆有平头车，都是一头牛驾辕，牛前有拖曳的三头牛或四头牛。车身高大，轮与车厢齐平。在长途运输时，为了防止货物遭到雨淋和日晒，车厢上还需加拱形卷篷。卷篷和车厢之间有一块隔板，隔出的空间，应当是车夫用来堆放行李或杂物的。车夫在一旁行走，用手牵牛鼻绳。

在这几幅画中，这种平头车均是几辆车结队而行，组成长途运输队。宋代每年全国各地向东京"纳粟秆草，牛车阗塞道路，车尾相衔，

数千万辆不绝"。

元明清时期，中国古代车辆的发展进入品种齐备、结构定型、系驾固定的阶段。元代马车使用的鞍套式系驾法，沿用至今。在马匹肩上套一个用软质材料填充的肩套，其上与拉车的挽绳相连，再用马背上的驮鞍托住车的双辕，使拉车的受力点恰好落在马身上最有力的肩背部，牛车的系驾与此相同。根据牛车速度慢、载重量大的特点，其用途已固定在运送货物上。明代出现了舆轿式人力推车。清代晚期引进了座椅式的具有车簧装置的西式人力挽车。

元代薛景石著有木制机具专著《梓人遗制》，其中介绍了圈辇、靠背辇、屏风辇、亭子车等，这些车辆是元代

车制工艺的代表。

薛景石表示车的制作是"合力为之，轮人为轮，舆人为车，辀人为辀，各司其职"，按照各部位不同要求进行制作，以保证车部件功能的合理性。

他详细论述了每部分的制作要求，包括选材时机、技术要求、制作标准等。在针对不同马种驾驭时，车辆的设计会有所不同。使用对

象不同，车的尺寸、标准等也会做相应的变化。薛景石对前人所制车的构件尺寸，做了实际比对和研究，且对每一部件做了精细测量和详细记录，并提供了参考标准

元代的圈辇《梓人遗制》记载

元代的靠背辇《梓人遗制》记载

和计算方法。如对车轮辋的造法及尺寸的论述："造辋法，取圆径之半为祖，便见辋长短。如是十四辐造者，七分去一，每得六分，上却加三分。十六辐造者，四分去一，每得三分，却加一分八厘。十八辐造者，三分去一，每加前同。如是勾三辋造者，材料便是辋之长，名为六料子辋。牙头各加在外。"据此推算，可做出不同轮辐的车辆。

明清时期的车多用一匹或两匹骡子挽行，因此统称骡车。为区别载人的车与载物的车，骡车又有大小之分。载物的骡车叫大车或敞车，其车厢上不立篷，无车帷和其他装饰。载人的车为小车，因其有篷子、帷子，形如轿子，因此习惯上又称之为轿

车。徐扬创作的《乾隆南巡图》中就画有这类轿车。轿车都是木制的，普通百姓乘坐的车用柳木、榆木、槐木、桦木等制作，皇室和贵族坐的轿车则用楠木、紫檀、花梨等上好木料制作。车成型后，再涂刷油漆，一般是栗壳色、黑色。好木料用本色油漆，称为清油车。

一辆轿车由辕、身、梢、篷、轴、轮几大部件组成。车辕为两根圆头方身的长木，后连车身、车梢，构成整个车的龙骨。车厢坐人处一般用木板铺垫，讲究点儿的，木板中心使用极密的细藤绷扎，其上放置垫子。在车辕前架有一张长凳，平时架在辕前，乘者上下车时，便取下来垫脚用。另外车辕前还横置一根方形木棍，停车时，

《乾隆南巡图》中的轿车

《乾隆南巡图》中的轿车

用以支撑车辕，以便减轻牲畜所负的重量。车厢上的篷架，上有卷篷，有的车篷形似轿身，呈竖长方体，上有穹隆顶篷。篷均用竹篾编制，

清代轿车

外面裱糊一层布，再涂一层桐油，用于防水。车梢尾部较宽，可用来放置行李箱笼，无行李时，还可倒坐一人。

此外，明代还有一种前面用驴拉、后面用人推的双缱独轮车。明清时期还出现了在车上加帆，利用风力助车行进的帆车。清代还出现一种铁甲车，此种车有四个车轮，车轮直径约一尺[①]，车厢包以铁叶，以保安全。

①尺，非法定计量单位，1尺 = 0.3333米。

古车的类型和功能

| 古车的类型和功能 |

从殷商到清代，古车样式不断推陈出新，出现了多种类型的车辆。按结构划分，有独轮车、单辕双轮车、双辕双轮车、四轮车等分别。按牵引动力划分，则有人力车、牛车、马车、驴车、羊车、驼车、鹿车等古车种类。以舆制来看，则有按王室、官吏及庶民等阶层划分等级的用车制度。从功能的角度，则可将古车划分为礼仪车、战车、交通运输车，以及装有齿轮传动机构以完成特定工作的舂车、磨车、指南车、记里鼓车等。

现按功能用途的差别，对古车的类型进行介绍。

| 古代战车 |

礼仪车

古代车辆的使用，有严格的等级制度。天子所乘的车叫作"路"。《周礼·春官宗伯·巾车》记载，周代王乘的车分五路：玉路、金路、象路、革路、木路。王的丧车也有木车、素车、藻车、駹（máng）车、漆车五种。太皇太后、皇太后、皇后，皇太子、皇子，以及诸侯王乘车在车饰、材料和马匹数量上都有严格的等级规定。百官、军士和庶民用车种类也有相应的规定。秦汉以后的车舆制度（古代以等级为标准制定的出行时乘车坐轿的制度）起源于此。

天子在不同情况下出行的乘骑各不相同。根据《后汉书·舆服志》的记载，用于不同场合的礼仪车有玉辂、乘舆、金根、安车、

殷墟车马坑

立车、耕车、戎车、猎车、辂车、青盖车、皂盖车、夫人安车、大驾、法驾、小驾、轻车、大使车、小使车、载车等。此外，还有一种特殊的车——辒凉车，自秦始皇以后专门用于运载皇帝的棺椁。

秦一统六国，"书同文""车同轨"，承袭六国旧制，创立了统一的车舆制度。这种车舆制度在汉代得到沿袭，至东汉时期才完备。秦代天子出行所乘工具有大驾和法驾两种，均配备属车随行。汉代皇帝所乘车辆为"金根车"和"路车"。《后汉书·舆服志》中描写，金根车上有"鸾鸟立衡""羽盖华蚤"，极为华丽。帝王的仪仗队中，有用以指引方向的指南车、记载行程里数的记里鼓车、

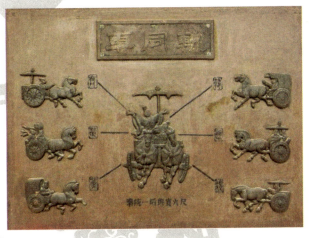

车同轨

上立钺斧的斧车和装载乐队的鼓吹车等。

秦始皇陵出土的安车，即二号彩绘铜车马，车厢密闭性能良好。前窗撑起时，可使空气流通；前窗下掩时，可根据需要在侧窗留出适当的空隙，从而有效调节车内温度。窗心有四个一组的镂空菱形小孔，整个窗扇形成了一个由连续的规则菱形小孔组成的菱格网，在门窗紧闭后不会使车内太闷，同时又具有装饰美感。

战车

西周之时，已设置有专门的军车职官。《周礼·春官宗伯·车仆》记载，车仆掌管戎路、广车、阙车、轻车等车队。春秋战国时期，车战在军事战争中已非常盛行。战车的多寡是衡量诸侯国实力大小和军事力量强弱的重要指标。

秦汉时期的战车大致有轻车、武刚车、軘（tún）车、戎车，輣（péng）车、云车以及辎车等种类。轻车是用以冲击敌阵的战车；武刚车的车身蒙以牛皮犀甲、捆上长矛、立上坚固的盾牌，可以运送士兵、粮草、武器，也可以作为前驱的战车；軘车是屯守之车；輣车、云车都为高层战车，可以窥探敌方城池内部情况；辎车用于运载器械、粮草等军事物资。

古代战车浮雕

秦始皇陵铜车马一号铜车为兵车，配备铜弩、铜盾、笼箙、铜矢等兵器，在秦始皇的车马仪仗队中担任警戒任务。其车轮径大，车舆高，较为轻便灵巧。

汉武帝时期，车舆在战争中主要用于运载粮草辎重等后勤物资，车战明显衰落。后世战争，车辆主要用于攻防，不再用作冲锋陷阵的运动战车。三国两晋南北朝时期战事不断，在攻守器具方面有火车、发石车、钩堞车等。梁代侯景在攻城车械制造方面颇有贡献，曾"设百尺楼车"，造飞楼、撞车、登城车、钩堞车、阶道车、火车等。曹操与袁绍在官渡之战中，袁绍军"为高橹，起土山，射营中"，使曹军"大惧"，曹操便下令制造

古代云梯车模型

古代发石车模型

发石车，摧毁了袁军的楼车，显示了巨大的威力。

宋代用于攻击的战车种类繁多，有炮车、炮行车（四轮和二轮炮车）、旋风炮、旋风五炮（在任一方向都能发射的炮车）等。

|炮车| |炮行车|

|旋风炮| |旋风五炮|

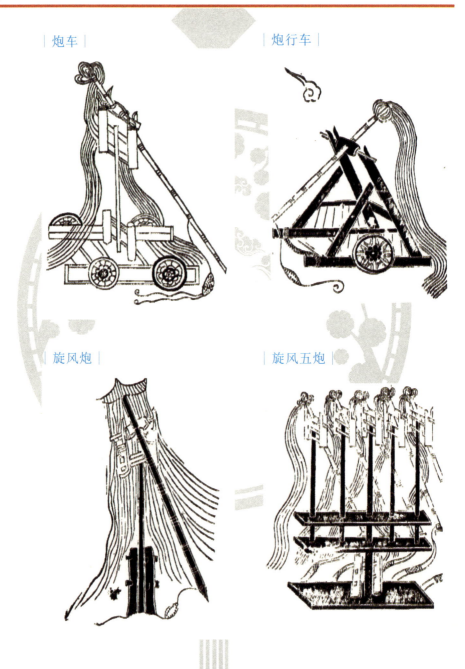

交通运输车

古代民间使用的车辆种类也很多，如役车、栈车、牛车、轺车等。在辽宁辽阳三道壕西汉村落遗址中，发现了车具。在一些出土的汉画像石中，描绘了车辆用于农田耕作和运输的画面。

用于农业生产和商业运输的车辆车厢都比较大，因而又称"大车"，适于在平地大道上行驶，载重量很大。三国时，蜀汉蒲元发明的独轮车——"木牛"，"人行六尺，牛行四步，载一岁之粮，日行二十里而人不大劳"，解决了山路运粮问题。独轮车在各种路况下，都比人力担挑、畜力驮载的运输能力大，是一种经济实用的交通运输工具。

宋代称载货的车叫"太平车"（南宋时常称为大车），双轮，由五至七头牛牵引，用于民间物资运输。

这时的独轮车前后有两人扶把，另外有两人在两侧扶把，前面用驴牵引，叫作"串车"。

明代出现一种用来载运客货的"双辕独轮车"，以拱形席作顶，能自江南载客

河南平舆挚都民俗文化博物馆收藏的太平车｜李兵　摄

|清代《清明上河图》中的四轮运货车|

|清代《清明上河图》中的四轮运货车|

北上直达西安或北京。

清代还出现了一种能巧妙利用风力助推前进的帆车，可以节省人力。清代乾隆年间陈枚等人所绘的《清明上河图》中，有五辆载货大车，四轮、无辕、无辐且有护轮框，与现今河南平舆的太平车形制特点几乎无异，适于短途载重运输。

特种用途车辆

古代也出现了一些具有特殊用途的车辆，如指南车、记里鼓车、磨车、春车、四轮缠辋车和蛤蟆车等。

指南车是以车的形式呈现的指向装置。它利用差速齿轮的指向功能由车载木人指示方向，即古籍所说"车虽回运而手常指南"。

东汉张衡、三国马钧、南齐祖冲之都曾制作指南车。此外，北宋燕肃制作的指南车是一辆双轮独辕车，车上立着一个木人，伸直手臂指向南方。至北宋大观年间吴德仁也献制车之法，对燕肃的指南车做了改进。南宋岳珂撰写的《愧郯录》以及《宋史·舆服志》中详细记载了指南车车制和技术规范。晋代以后，皇帝车驾卤簿（古代帝王外出时扈从的仪仗队）多用指南车为前导。元代以后不再有研制指南车之举。我国著名科技史学家王振铎据古籍所载复原制作了指南车模型，他认为指南车在古代多作为仪仗使用，在当时技术条件下，其运行未必可靠。

| 指南车复原模型 |

记里鼓车又名大章车，是利用齿轮传动自动计程的古代机械，用于卤簿仪仗。车上有鼓，车每走一里①，两个木人就同时击鼓一次。人们只要记住木人击鼓的次

| 记里鼓车 |

数，就可知道车的行驶里程。

关于记里鼓车的起源，有晋

①里，非法定计量单位，1里 =500 米。

代、东汉和西汉等不同说法。记里鼓车一般与指南车同为天子出行大驾，是象征皇权的仪仗车辆。《宋史·舆服志》对卢道隆制作的记里鼓车的原理和构造作了记载，还对吴德仁制作的记里鼓车作了详细描述。

磨车出现于南北朝时期，是中国古代一种行进式的粮食加工机械。在马车或其他畜力车的轮上附立轮，立轮带动一个平轮，平轮中轴上方装磨，车行即带动磨转。据说，车行十里能磨麦一斛[①]，

又名行军磨，除军用外一般情况下应用不广。此外，还有一种碓米机械曰舂车，将碓置于马车或其他畜力车上，以立轮轴上凸轮式拨子拨动舂杆，边行车边舂米，与磨车原理结构相似。

《晋书·石季龙载记》记载了一种四轮缠辋车，这可能是古人发明的履带车。《邺中记》《十六国春秋》则记述了一种类似于起重运输车的蛤蟆车。两者都是为着一定需要而设计制造的特种车辆。

①斛，旧量器，1斛=50升。

传统木轮车的制作

| 传统木轮车的制作 |

古车从选材到制造，汇集了许多不同种类工匠的工作，体现了木作、冶铸、制革、漆染和纹饰等方面的技术水平。

《考工记》是春秋战国时期记述官营手工业各工种规范和制造工艺的文献。据《考工记》记载，轮人制造车轮的毂、辐、辋，必须要适时选择合理的材料，对毂的粗细长短、轮的直径尺寸有比较全面的认识。

中国考古发现的商周马车，制造技术都已相当成熟。先秦时期的制车工艺已达到相当高的水平，《考工记》中说："一器而工聚焉者，车为多，车有六等之数。"这只是针对制造车身而言，车的最后完成，还需再加上油漆工、彩画工、马具工和绳带工等工种的制作流程。为了达到规定的技术要求，所有产品都需要通过质量检验，仅车轮的制作，在《考工记》中就规定了六项检验标准。

| 古代马车 |

双辕马车壁画

先秦车辆以马车为主，且主要用作王公显贵出行游猎的代步工具以及作为战争中的攻守之具。牛车的使用相对较少。当时的马车都是独辀车，在经历了上千年发展后，独辀车到秦、西汉时期便逐渐衰落。秦汉时期为适应不同的需要，以双辕车取代了独辀车，车辆类型也有所增多，除双轮车外，还出现了四轮车和独轮车，车的功能与作用也有所扩大。

汉代以后，民间客运、货运的车辆不断增多，还出现了独轮手推车，车成为民间交通运输的主要工具。

大车

在近现代相当长的一段时期内，传统的运货大车与载客轿车在民间运输和交通出行方面都扮演着重要角色。20世纪60年代以前，城乡百姓使用最普遍的运输工具还是畜力两轮车和人力独轮车。

1.运货大车的构造与类型

传统的运货大车，一般用骡子或马牵引，结构没有大的变化。也有用牛牵引的"牛车"。此外，还有用驴牵引的"驴车"，载重相对较小。骡驾和马驾大车不仅

运载多，跑得也快，且长短路途都较适合。

　　大车主要由车辕、车身、车轮、车轴等部分构成。车身为木制，前面为辕。最为常见的是"花轱辘车"，车轮直径七十至一百三十厘米，一般为十六或十八根辐条，由毂呈放射状地连接到车辋，辋外装嵌铁瓦，车轮朝外一侧有许多用以加固的铆钉，俗称"蘑菇钉"。这样的车轮非常结实耐用。这种运货大车虽然现在已经不用了，但在不少地方还能见到留存下来的实物。在内蒙古呼和浩特地区就能见到这种传统运货大车。

　　在北方地区比较常见的

31

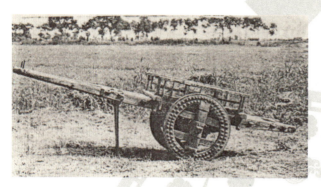

区的使用很普遍。20 世纪前期，这种大车也是内蒙古草原地区常用的运输工具。当运载易散落的货物时，车身上需装上围板。

|20 世纪 40 年代华北地区使用的大车|

运货大车中，有一种车轮辐条为"廿"字形（也称 H 形）的大车，其车身的构造没有大的变化，除了车轮的构造不同外，车轴相对粗一些，适合载重物，这可能是一种更早期的大车形态。这种大车在北方也很流行，20 世纪 40 年代，这种大车在华北地

|20 世纪初内蒙古地区使用的大车|

大车的车轮外装了铁瓦，对城市街道铺设的路面会造成损害，因此一些大城市规定，禁止铁轱辘大车在城内通行。为使大车能够在城市内通行且不损害路面，20 世纪 40 年代开始，大车的车轮逐渐改为轴承胶轮，俗称"胶皮车"，车轴也改用铁制。此时期，青岛地区使用过胶

轮大车。后来，胶轮大车逐渐得到普及。直到现在这种大车仍在一些城乡使用，显示了强大的生命力。

2. 载客轿车的构造

近代以来，北方城乡最常见的载客车仍是骡子拉的轿车，与拉货的"大车"相对应，俗称"小车子"。这种轿车原为清代王公贵族乘坐的"官车"，后来由于一些官僚富商竞相效仿，逐渐成为街头常见的载客工具。

轿车的基本构造，与普通的双轮大车相似，车轮、车轴、车辕等都与大车相仿，不同的是厢体部分加上了车篷，整个车体比大车略小，但制作得更为精致。北方地区的载客轿车构造基本相同。其车身前部是车辕和赶车人坐的车沿子，车厢位于中部平板处。车篷以木为柱，两侧钉薄板或用花格框镶板，各留有小窗，前面为上下车的车门，后部或封闭或留一个小窗。车篷上部是拱形穹顶，不但美观，还增

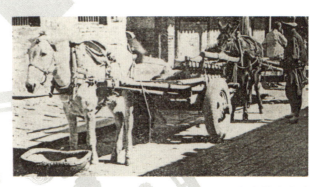

胶轮大车

山西祁县乔家大院保存的传统轿车和独轮车
童庆钧 摄

加了内部空间高度。车篷内外都设有布或缎子做的车帷子，车帘架在前面的横杆上，用以挡风遮阳。车内篷顶糊浅色花纸或绢绫，窗上装有玻璃，夏日则换成窗纱，车内备有窗帘。冬天和雨季，可用棉花和油布做车帷子。轿车一般还备有脚凳，供乘用者上下车。山西祁县乔家大院有保存下来的传统载客轿车。

| 十八辐车轮 |
张治中 摄

3. 大车的制作

大车主要由车轮、车轴、车架、车厢等部分组成。车轮、车轴和车架是大车的关键部件。在大车制作中，车轮的制作对技术要求最高，也最能体现传统制作技艺的水平。

传统大车的车轮由毂、辐和辋三部分组成。北方最常见的是十八或十六根放射状辐条的车轮。毂是车轮的中心部件，略呈圆柱状或中间部位凸起的腰鼓状，其中部粗两头细，直径二十至三十厘米，长三十厘米左右。

制作车毂，首先要选择合适材质和尺寸的圆木为原材料，一般用槐木、榆木等不宜腐坏的硬木制作。选好木料后，在中心加工出方形穿孔，并装上一根备好的基准轴，以便于确定圆径中心。在剖面画出圆，将圆木放在支架上，绕基准轴旋转，可检验确定出的圆面是否符合要求。通过刨、削，做出毂的外形，再根据辐数将毂的腰部（中间最大圆周处）圆周等分，然后等距凿出与轴向垂直的辐孔。接下来在毂的两端面画线，以加工毂的中心圆轴孔。一般凿出的轴孔，中部直径要稍大一些。凿完轴孔后，再在轮毂两端面轴孔位置各嵌进一个铸铁轴承套。为了使轮毂不易变形且更加坚固，在毂的两端和靠近辐孔的外侧分别安装圆铁箍，共计四个铁箍。

右侧图是在使用了几十年的旧大车上拆下的一个车轮的局部照片，其中轮毂的结构和装配方式都展示得比

车轮
冯立昇　摄

较清楚。在该轮毂的两个端面凿有多个眼孔，并嵌入木楔，这是为了使铸铁轴承套和铁箍装配得更加紧密、牢固。

车轮辐条的制作相对容易一些。辐条一般在近毂一端较粗，近辋一端较细，中间略有弧度。辐条截面比辐孔略大，装入毂时，需用力敲进。辐条全都装齐后，需对辐面进行检验和整修。

车轮的辋由数片圆弧形木板拼合而成，木板的数量与辐条数有关，九辋十八辐和八辋十六辐为北方大车常用的规制。辋的尺寸，要据车轮直径尺寸来确定，先算出周长，再等分成九份或八份，由此得到一块轮辋的尺寸。辋的内弧侧要凿出辐孔眼，一辋装两辐。辋与辋之间为卯合连接，每片辋一端凿出子卯，另一端凿出母卯，均用直卯。一段一段卯合时，将子卯嵌入母卯，由上而下逐次入卯，同时将辐条装入辋上的辐孔。毂、辐、辋组合在一起后，辋的外缘装上防护的铁瓦，再于外侧钉入用以加固的蘑菇钉，这样一个结实耐用的车轮就制作完成了。

大车的车轴一般以桦木（黑桦更好）和槐木、榆木等质地坚硬的木材为原料，两端分别加工成一段与轮毂中心轴孔相匹配的圆柱状。轴上与外侧轴承套相结合处安装铁制"葫芦头"，以增

目前仍在使用的铁制大车
冯立昇　摄

加耐磨性。

大车的车身一般用木纹直顺的柞木、槐木、榆木等硬木做成，次要构件如车铺板等可用硬度差一些的木材。大辕必须是通长的。考虑到木材的变形性，大辕的近心面应布置在外侧，副辕的近心面应布置在内侧，这样可防止车辕外张。马车的车辕间距是前窄后宽的，因而所有的大撑卯榫都是斜的，故宜用活角尺或样板画线。大车还需要用到许多挽具，大多从专门的挽具店铺

旧木车轮

配置购买。

现在能见到的大车多数是经过改良的轴承胶轮车。在北京郊区和河北等地仍在使用的大车，车身也大都采用钢铁材料，但车的构造仍然保留了传统的形式，没有大的变化。材料的改变大大地增加了大车的使用寿命。

独轮车

独轮车是一种轻便的运物、载人工具，由一个轮子、车架和支架组成。

独轮车可在极其狭窄、崎岖的道路或田埂上推行运货，单人就可推动，制作成本不高，经济适用，在过去使用得非常普遍，特别是北方农村，几乎家家户户都有一辆，又称小车、手推车、

单轱辘车。

四川、江苏等地出土的东汉时期的画像砖、画像石上已出现了独轮车图像。三国时蒲元创制的木牛流马或许是两种独轮车的改进：木牛前后有车辕，轮子稍小，车架两侧有空箱可装载粮食。因载重大，须前拉后推，

|独轮车|
关晓武　摄

|独轮车|
关晓武　摄

运行较慢。流马载重小，轮稍大，由一人推，运行速度比木牛快。

独轮车有时还以畜力或风力牵引。明朝著名科学家宋应星，在有"中国 17 世纪的工艺百科全书"之称的《天工开物》中描绘了两头牲畜牵引独轮车前行的场景。《天工开物》中还记载了南北方独轮车驾法的不同：北方独轮车，人推其后，驴曳其前；南方独轮车，仅视一人之力而推之。独轮车也出现过在车架上安装风帆以利用风力推车前进的发明，这种车称为"加帆车"。加帆车在清代麟庆所著《鸿雪因缘图记》中有记载，"一人扶辕，前有牲畜牵引"。

1900 年八国联军占领北京时，国外曾有人作漫画，

讽刺慈禧用独轮车推着财物逃跑。大约是从那时候起，独轮车才开始向国外传播。1935年圣诞节，在英国港口城市拍摄的一幅照片显示了一个母亲用独轮车推着两个孩子的场景，独轮车类似中国汉代的形制。至今，形制改变了的独轮车仍是很多家庭必备的工具。

勒勒车

勒勒车，古称辘轳车、罗罗车、牛牛车等，是北方草原上古老的交通运输工具，在草原牧民的生活中发挥了非常重要的作用，至今在蒙古族、达斡尔族、哈萨克族中仍有部分使用。勒勒车的车轴、车轮多用桦、榆等硬质木材制成，不用铁件，结构简单，易于制造和修理，适宜在草原、雪地、沼泽和沙滩上行走，可用于运输水、

勒勒车

盐和牛奶，以及搬运毡包与柴草燃料，运送聘礼和嫁妆等。历史上，由于勒勒车在深草积雪地面行进迅速，被称为"草上飞"。并常作为战车在战争中运输辎重。

北方游牧民族很早就有造车用车的习俗。阴山有多幅关于车子形象的岩画。《汉书·扬雄传》《盐铁论·散不足篇》中记载匈奴有车。《后汉书·耿夔传》记载：永初三年，东汉军队在常山、中山击败南匈奴，俘获其"穹庐、车千余辆"，由此可见南匈奴制作车辆的技艺水平之高和规模之大。

北魏时期的敕勒亦以造车业而闻名遐迩，并因创造了一种高大的车被当时的南方人称为高车族。《魏书·高车传》说他们造的车，"车轮高大，辐数至多"。北魏时期的柔然部族、唐代的回鹘人皆能造车。

《蒙古秘史》中多处提到车，其中涉及两种车子，主要的区别可能在于车篷的不同，一种是黑篷车，另一种为大篷车。成吉思汗的夫人曾藏在黑篷车里，躲过了敌人的追捕。在成吉思汗统治时期，有人专门负责修造车辆。

近代以来勒勒车的种类

| 车轮结构示意图 |
关晓武　绘

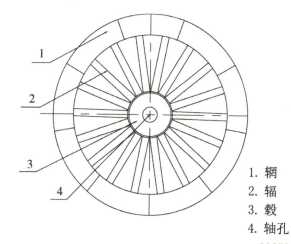

1. 辋
2. 辐
3. 毂
4. 轴孔

逐渐增加。

一种是大车，根据构造大小又有头大车和二大车两种，主要用于开拓地方农产品、商货的运输。载重量在250千克至500千克之间。

一种为轿车，车辆上装饰有轿，专供乘客用。轿车轮辕坚固，上覆以木篷，蔽盖芦席或者内毡外帘，也有遮盖桦树皮的。

另有无篷车、箱车、篷车等具有草原特色的牛车。

"行则车为室，止则毡为庐"是牧民生活的真实写照，不管是古代还是现当代，各具特色的勒勒车都是牧民衣食住行、婚丧嫁娶不可或缺的生活之需。

1. 车轮和车轴的制作

勒勒车主要分为上脚和下脚两个部分，上脚主要由车辕、车撑等组成，下脚包括车轮和车轴。车轮是勒勒车的核心部件，其制作是勒勒车制造过程中最为复杂且考究的部分，技术含量也最高。车轮由毂、辐和辋三部分组成。

毂，俗称车头。直径270毫米左右，长约300毫米，中间比两端稍凸起。截取木料后，先在中心加工出方形穿孔，装上事先制作好的基准轴，以便于确定圆径中心，也易于确保毂两端面的同轴度以及端面与轴的垂直度。将毂放在支架上，绕基准轴旋转，用靠齐工具检验加工出的毂圆面是否符合技术要求。下一步在毂端面画出经过中心点的迎头线，以迎头线为参照准线，在毂腰部凿出与轴向垂直的辐眼。

辐，即辐条，十八根或十六根，近毂一端稍粗，近辋一端稍细，中间有一定弧度。辐条截面比辐眼略大，与毂的接合是过盈配合，需

用力才能敲进辐孔，与大车的车轮制作基本相同。辐条要间隔安装在毂上，每装上一根辐条都要放在支架上进行一次检验，以查看辐条与轴向的垂直度是否合乎要求。辐条全都装齐后，需对辐面的平正度进行检查修整。

辋，轮辋由九块木板组成，九辋十八辐是勒勒车车轮制作常用的规格。辋的尺寸根据设计的车轮直径尺寸计算。先算出周长，再等分成九份，即得到一块轮辋的尺寸。

一块轮辋装两根辐条，两根辐条在辋上对称安装。轮辋宽度分成三份，两辐之间的距离占据其中一份。辋与辋之间采用卯榫接合方式连接。辋与辐条间的装配，则需在两根辐条近毂处垫上

| 毂 | 仪德刚　摄

| 辐 | 仪德刚　摄

一木块，近辋处用夹具夹紧，以缩小辐距，这样才能把辐条装进辋上的穿孔，然后在两根辐条里侧分别加楔块紧固。辋宽 130 毫米左右，厚约 55 毫米。辋内缘与辐条梢头根部特意留出一段 40 毫米左右的距离，勒勒车在使用多年之后，磨损的轮辋可以沿着辐条径向向中心靠近。一般经过大约 8 至 10 年的时间，辋才能下到辐条梢头根部，这种设计使得辋与辐条的连接始终紧固结实，不松动，从而延长车轮的寿命。

毂、辐、辋装置在一起后，再在毂的端面画线以加工毂的中心圆轴孔，一般外侧轴孔径比内侧孔径要稍小些。如果开始即凿出毂的圆形轴孔，则不易找准中心点，也难以保证毂与轴的同轴度

｜轮辋｜仪德刚　摄

｜车轴与车轮｜仪德刚　摄

及毂端面与轴向的垂直度。最后在轮毂两端面轴孔位置各嵌进一个铸铁轴承套，一个车轮就算是制作完成，其

|车身|仪德刚 摄

|勒勒车|
关晓武 摄

直径在 1200 毫米左右。

车轴，车轴长约 1800 毫米，两端分别加工成一段长约 400 毫米与轮毂中心轴孔匹配的圆柱体状。轴上与外侧轴承套相结合处同样嵌有铁楔，以增加轴的强度和耐磨性。

2. 车身的制作

车身部分主要是框架结构，其制作安装较车轮部分要简单得多，制作尺寸也比较容易把握。车身主要由辕、衬木、垫木、车梯、立柱、公鸡腿、车厢面、圆压根、跨耳、夹马等组成。车辕长 4000 毫米，辕口长 1500 毫米，辕口宽 900 毫米。

车轮与车身装配起来，即构成一辆完整的勒勒车。整车两轮轮毂内端面之间的距离为 960 毫米，长为 4000 毫米。车上部件可根据要求漆饰明亮的颜色，一方面美观大方，另一方面也可起到一定的防腐作用。

不同类型的勒勒车下脚

部分的制作基本相似，区别主要表现在上脚部分。轿车是坐人的车，用松木、桦木、柳木等制成高约1100毫米，长约2000毫米的轿，可自由装卸，外用羊毛细毡搭篷，篷带弧形，用牛毛线缝制，是接送老人、孩子或宾客最高级的代步工具。箱车用来放衣物、食品，用木板制成长约1650毫米、宽700毫米、高800毫米的车厢，其用途类似于仓库和库房。货车用来装载蒙古包、草料、燃料和其他畜产品。若在车上放置一个用铁圈箍起来的大木桶，则可用来运水、储水。

勒勒车制作的特点是就地取材、操作简单、拆装方便，从技术上来说，其制作工艺并不复杂。在昔日的草原上，常常可以见到一辆辆首尾相连排得长长的勒勒车队，如列车般行进在广袤的草原上，一个女人或儿童即可驾驶七八辆至数十辆。昔日牧民家里随时随地都可以按不同需求大量制作多种用

| 草原上的勒勒车 |

| 勒勒车 |

途的勒勒车。

　　然而随着生活水平的提高，勒勒车正逐渐从草原上消失。现今各种各样的机动

车飞驰在草原上，内蒙古仅在呼伦贝尔和锡林郭勒的部分牧区仍保留着使用勒勒车的习惯。

挽具的发明与改进

| 挽具的发明与改进 |

在车辆驱动上，利用畜力的关键在于挽具的发明与改进。马运动速度快，耐久力强，在牵引车辆时，马比牛能提供更大的功率。在车战盛行的商周至春秋时期，马车是武力装备的重要象征。中国古代马车采用的挽具主要有轭靷式、胸带式、颈圈式和鞍套式四种类型。

轭靷式挽具的使用时间大致在商周至战国时期。商周车制的特征是双轮、独辀，至少需要用两匹马来牵引。车体简单且轻，车厢较小，车轮较大。在车的设计制作上，可能已经考虑了能否有效发挥马曳拉力量的因素。

有学者曾对周代马车与其挽具绘制过复原图，图中对古文献中提到的靷、鞧等挽具部件都做了安排，对于我们了解古车挽具结构有很大帮助。20世纪80年代初，陕西临潼秦始皇陵西侧出土的两辆铜车马，为我们认识中国早期古车及其挽具提供了条件。

秦始皇陵出土的两辆铜

| 独辀车 |

49

车皆为四马曳引，采用的是由很多部件组成的轭靷式挽具。古代一车四马，当中夹辕二马称"服马"。服马颈上各负一轭，轭内軥（qú，车轭两边夹牲畜头的部分）上各连接一条单靷，靷的另一端分别系在舆前辕环上，再用一条粗绳将此环与轴连接。轭呈叉形，形状扁平宽厚，内侧缚有柔软的皮质类衬垫，以防轭体磨伤马颈。轭末端系有鞅，以防止服马脱轭。服马牵引车时，力的传递一方面通过轭传给衡辕，再通过辕传递给轴；另一方面则通过靷，传递给轴。左右两边两匹马称为骖马，骖马各有一条单靷，所连接的单股靷绳位于马腹内侧，穿过骖马肚带的游环，一端系于车舆底部左右轸（zhěn，古代车厢底部的横木，分两侧和前后共四根）内侧纵桄的环上，另一端结成套环分别套于左右两骖马胸部，以

协助服马曳车。

商代金文和内蒙古宁城出土的西周末至春秋初的刻纹骨板上的车，或许可以将轭靷式挽具使用的时间追溯到比秦更早的年代。考古发现证实，商代车上的轭有的包有铜套，河南浚县辛村和北京琉璃河出土的两周车上均曾发现缚痕。由这些情况推断，商周时期的车辆所用挽具的基本特征当与秦始皇陵铜车马一致。

大概从公元前 3000 年开始一直延续到公元 8 世纪，西方古车在很长一段时间内使用的是颈带式挽具。图《四

｜独辀车系驾方法图示｜

轮战车》中的车马采用的是颈带式挽具，没有肚带。图《亚述狩猎战车》中应用了颈前和肚带式挽具。两例战车都是独辕式的，我们可从中窥见颈带式挽具的特点。颈带式挽具容易压迫马的气管，限制了马的力量和速度的有效发挥。相对而言，轭靷式挽具比较适合马体的骨

｜《四轮战车》中的车马｜

亚述狩猎战车

骼特点，避开了颈带压迫马的气管的问题，能更充分地发挥马的速度优势，满足车战中高速奔跑的要求。

有人认为在胸带式挽具发明之前，中国早期马车上采用的也是颈带式挽具。可能当时人们还没有充分认识到

山东沂南汉墓浮雕，图中所示为胸带式挽具

轭靷式挽具所具有的特点。

从战国时期开始，车战逐渐退出历史舞台，中国古车也已开始向双辕式车过渡。胸带式挽具是否伴随着双辕车的出现而发明，何时开始采用，目前还存在不同观点。

两汉时期，独辀车渐渐被双辕车所代替，驾一马之车也变得越来越盛行。仅驾一马的双辕车，已不再需要服、骖之间的那些防护设施，单靷也改成了双靷。

从汉代画像石、画像砖和壁画上，可以看到许多表现马和车的题材的内容。从这些内容中可以看出，凡是表现马和车的题材，大都能看到靷与轭已经分离，两靷系于辕上，并与一条绕过马胸前的较宽胸带连接在一起。

马牵引车时，力通过胸带传递给辕，再由辕传递给轴，而轭只起支撑衡、辕及缰绳导架的作用。这种挽具即胸带式挽具。与轭靷式挽具相比，胸带式挽具虽然可以减轻马体的局部受力，但马体肩胛部的力量未能得到充分利用。

从以下五例画像砖、画像石和壁画中，可见汉代双辕两轮车的盛况。

（1）河南郑州二里岗出土的乐舞空心砖，属西汉晚期，画像砖上多处有马车模样，皆为驾一马的双辕车。挽具不清晰，但由系驾一马来看，应是胸带式。

（2）1972年，四川郫县竹瓦铺1号东汉墓出土的石棺百戏画像石上，右下方有一辆车，车上端坐一名贵妇，

｜河南郑州二里岗乐舞空心砖｜

｜四川郫县竹瓦铺1号东汉墓石棺画像石（局部）｜

|山东嘉祥画
像石(局部)|

前有御者扶辕，后有侍婢尾随。从马胸前围绕的胸带来看，采用的应是胸带式挽具，軛也在车上继续存在。

（3）1978年，山东嘉祥南部满硐乡宋山村北的一座汉墓中出土了画像石8件，画面9幅。其中一幅最下一层为车骑出行，车为双辕马车，马胸前的宽大胸带很显眼，无疑用的是胸带式挽具，軛也仍在使用。

（4）山东临沂市博物馆收藏的临沂白庄奏乐杂技画像石4件，其中3件上有车骑出行的场面，马胸前的胸带与车双辕的连接明晰可见，軛也没有被放弃，年代在东汉晚期。

（5）1971年，在内蒙古和林格尔发现了50余幅东汉时期的墓室壁画，其中一幅是《牧马图》，画面右下部有一字排开的6匹身材矫

|山东临沂白
庄奏乐杂技画
像石(局部)|

健、形态俊美的骏马，中间是3匹活泼可爱的小马驹，上部是两辆疾驰的马车，车辕、胸带式挽具及轭的使用皆很明晰。

在敦煌156号窟里，一幅大概作于公元851年的全景画，描写了地方总督张议潮在公元834年从西藏人手里收复敦煌地区以后的凯旋队列。画面上包括4辆车，其中3辆是行李车。在驾车之马的颈部有用软材料垫得很好的颈圈，增加了马鬐甲部位的高度，当马曳车时，可使连接车辕的衡轭不易脱落。颈圈是否用绳系结于车

│东汉时期汉墓壁画《牧马图》│

│孔子周游列国马车雕塑│

|《清明上河图》（局部）|

|山东曲阜孔子博物馆|

藏的《清明上河图》中，有两辆驴车，用的是颈圈式挽具，表明这种形式的挽具在宋代已经相当成熟了。

文物专家、考古专家孙机将颈圈称为软肩套，认为它是近代挽具中的重要部件。他指出近代挽具中另一重要的部件小鞍（驮鞍），可能是在南宋时发明的。软肩套和小鞍一起装配在马车上，构成了鞍套式挽具系统。西安曲江段继荣墓出土的陶亭子车，有双辕，辕中驾一马。马身上装小鞍以承辕。车的鞅绳连接在肩套上。这是已知最早使用鞍套式挽具的马

辕，画中未作交代。有人把这种由辕、像牛轭一样的弯木和颈圈组成的系统称为"颈圈式挽具"，并根据秦、汉、三国时期画像砖上的马车图，推测颈圈式挽具发明的起源时间在公元 5 世纪末期、公元 3 世纪甚至公元前 1 世纪。北京故宫博物院收

车例子，这种挽具充分利用马便于承力的肩胛两侧，增强了马的挽车能力。孙机推测鞍套式挽具的出现时间不晚于元初。而鞍套式挽具形成之后，则一直沿用至今。

明清时期，鞍套式挽具已是画家笔下相当熟悉的事物。

山东曲阜孔子博物馆收藏的《无款圣迹图册》，大约作于明代成化、弘治年间。其中的一幅名为《作歌丘陵》的画中，有一辆牛车和一辆

｜《妙峰山进香图》（局部），清代｜

驴车，皆是直辕式，车厢装饰华丽，马车挽具在画中未作细部刻画，可能采用的是鞍套式挽具。

北京首都博物馆收藏的《妙峰山进香图》，作于清代。

｜《无款圣迹图册》明代｜

| 西顶过会图
（局部），清代 |

画面上人群会集，车马嘈杂，底部是一辆马车，采用的鞍套式挽具绘制得非常清晰。

中国国家博物馆收藏的《西顶过会图》，画于清代。画中，马车载着演员向前而行，描绘的是清代道光年间

| 王亥 |

西顶广仁宫庙会的情形。马车使用的挽具明显是鞍套式。

除了马车用于车战及陆路运输外，牛、羊等牲畜也在曳拉车辆上发挥着重要作用。从商代祭祀中王亥的突出地位以及把王亥看作服牛的创始人等史料来看，牛在商代文明的形成过程中起过很重要的作用。相传夏代已有牛车，在车战盛行的商代，以牛牵拉车辆来进行运输是很有可能的。《考工记》中"辀人为辀"一节就记载了

马车、牛车辕、辕的制造技术。牛车与马车的挽具形式是否有相互影响、相互借鉴的情况发生，尚不清楚。牛的肩胛部位隆起，驾轭曳车能够充分发挥肩胛部的力量，决定了牛车与马车挽具形式在一定程度上存在着区别。另外，中国古车还有使用驴、骡、骆驼等为动力的。驴、骡形体与马相似，可以借用马车的挽具形式。骆驼有突出的驼峰，可以将车辕拴在绕过驼峰的绳子上，这种系驾法在 20 世纪的甘肃还能见到。

在汉代的画像石上有牛车、羊车和鹿车出行的场面。

|山东滕州建鼓乐舞画像石|

1958 年，山东滕州出土了一块建鼓乐舞画像石，画面最下一层是牛车、羊车和马车出行场景，年代在东汉延光元年，车辕及挽具没有细部刻画。山东济宁博物馆收藏的一块济宁城南张乐舞百戏画像石上，画面上层为出行图，有鹿车、羊车各两辆。从画面来看，鹿、羊牵引的

|山东济宁城南张乐舞百戏画像石（局部）|

都是双辕车，挽具是胸带式。山东邹城市文物管理所收藏的一件东汉中晚期的乐舞画像石，画面上层有牛车。

　　畜力用于车辆运输，使车辆的运输能力及效率得到极大程度的提高，而畜力有效发挥的关键则在于挽具的形式。中国古车挽具发明与改进的历史是错综复杂的，马车挽具的演变对此给出了很好的证明。

车马使用的礼俗和制度

| 车马使用的礼俗和制度 |

我国官营车舆制造的历史十分悠久。据文献记载，天子车驾很早就已出现，夏朝即已设车正，负责管理车的生产。车马礼仪制度在车的生产制造和使用过程中也相应地建立发展起来，至西周已形成严格的等级。历代车驾制度虽有不同，但都以厘定等级尊卑秩序为要义。

汉代及其以前的车马礼仪制度

成周之时，有巾车、典辖、牟师、司服的官职，"天子以之表式万邦，而服车五乘，下逮臣民"。《周官》中设有天、地、春、夏、秋、冬六官，周王的仪卫等分别由天、春、夏官的属官掌管。秦汉时期的官营车舆制造，规模庞大、耗费巨资。西汉时期，皇室车舆的生产，由少府属下尚方令主管。中央政府和地方政府共同管理国家的车舆生产，由大司农调

丰镐遗址车马遗迹 |

| 马车塑像 |

| 西安昆明池遗址汉武帝像 |

秦始皇在六国乘舆制度的基础上，建立起卤簿制度，一直延续至清朝。《汉宫仪》记载："天子出，车驾次第谓之卤，兵卫以甲盾居外为前导，皆谓之簿，故曰卤簿"。秦代卤簿分大驾、法驾，大驾属车81乘，法驾属车36乘。汉承秦制，基本沿袭了秦代的卤簿制度，有大驾、法驾、小驾，大驾属车81乘，法驾属车36乘，小驾属车9乘。天子出行，有车舆和仪仗、仪卫，其车马礼仪制度包括了基本乘坐的车舆制度，还包括了天子的仪仗、仪卫制度。

汉武帝天汉四年制定了天子舆服制度，"郊祀所乘，谓之大驾"，"大驾则公卿奉引，大将军参乘，太仆御"，大驾出行，备车千乘马万匹，

拨经费、工官负责制造，地方政府分担部分生产任务。

周朝有五路乘舆制度，

由公卿奉引、大将军参乘、太仆御车。法驾则由京兆尹奉引、侍中参乘、奉车郎御之。因为天子卤簿规模庞大，所以一般只在祭祀、册封、登基大典或大朝等特殊场合陈设。

古代皇帝有两种朝会，一种称作大朝，是一种隆重的典礼，为大会文武百官、王国诸侯和外交使臣的朝会。大朝往往在特别的节日如元旦、冬至和皇帝生日等时间举行，仅仅是一种仪式，一般不在这种场合处理国政，天子的卤簿仪驾通常是在这种场合使用的。另一种是常朝，即皇帝每天或间隔数天于早晨会见主要朝廷大臣，处理一些日常政务，如宣布诏令，决定重大政治行动等。东汉皇帝出行乘坐的

汉代画像砖上的车马图

金根车，其制最尊。汉朝时期，皇帝的车辂还有戎车、指南车、皮轩车、安车、游车、豹尾车等。

各级官僚贵族的车，能拥有的规格和驾车马匹的数量，依品级而定，都有严格限定。《后汉书·舆服志》记载，高级官员和一般官员分别乘坐轩车和辂车，即见其制。皇后和三公九卿可以拥有四马车驾，三公九卿以下的百官僚属只能拥有一马车驾。

两晋至明代的车马礼仪制度

两晋时期，除五辂外还有安车和立车，"坐乘者谓之安车，倚乘者谓之立车，亦谓之高车"。据《周礼》记载，只有王后才有安车，而王是没有的。

隋代，天子所用的辂共有十二等：一是苍辂，用来祀昊天上帝；二是青辂，用来祀东方上帝；三曰殊辂，用来祀南方上帝及朝日；四是黄辂，用来祭地祇中央上帝；五曰白辂，以祀西方上帝及夕月；六曰玄辂，以祀北方上帝及感帝，祭神州。这六辂，"通漆之而已，不用他物为饰"。另六辂，除后代均备的玉、金、象、革、

木辂外，还有一种碧辂车，"以祭社稷，享诸先帝，大贞于龟，食三老五更，享食诸侯及耕籍"。

唐代时，四品以上的官员和宫廷命妇都有卤簿，但"车舆、衣服之制，上得兼下，下不得拟上"。天子车舆有玉辂、金辂、象辂、革辂、木辂五辂，并有耕根车、安车、四望车供服乘之用。此外，还有指南车、记里鼓车、白鹭车、鸾旗车、辟恶车、轩车、豹尾车、羊车、黄钺车等，但它们并不存在于整个唐朝，像豹尾车和黄钺车是在贞观之后才出现的。

宋初，多循袭唐、五代风气。到宋徽宗时，奢靡之风日盛，大观年间设有仪礼局，政和年间又设礼制局，"诏修车辂，并建旗常，议礼局所厘定，用为成宪"，在旧制上进行了不少增改。现收藏于中国国家博物馆的《大驾卤簿图书》，描绘了北宋皇帝出城祭祀天地时的宏大场面，是研究宋代舆服、仪仗、兵器、乐器等制度的珍贵资料。

明洪武初期，天子崇尚简朴。太祖询问近臣"玉辂太侈，何若只用木辂？"并不顾大臣反对，认为"第俭

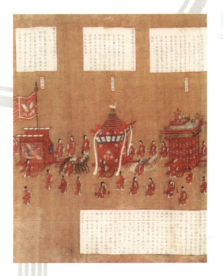

| 《大驾卤簿图书》局部 |

|《大驾卤簿图书》（局部）|

约非身先无以率下，且奢泰之习，未有不由小而至大者"，重造木辂以代替玉辂。永乐帝沿袭洪武简朴之风，仍遵用旧制。自明宣宗宣德元年以后更造天子卤簿仪仗，各种器物才又有所增加。

清朝天子的卤簿仪驾制度

清朝的车马礼仪制度规定也很严格，满族官员如亲王、郡王、尚书可以乘舆，而"贝勒、贝子、公、都统及二品文臣，非年老者不得乘舆。其余文、武均乘马"。对于汉官乘坐舆的装饰和舆夫也有详细规定，"汉官三品以上、京堂舆顶用银，盖帏用皂。在京舆夫四人，出京八人。四品以下文职，舆夫二人，舆顶用锡。直省督、抚，舆夫八人。司、道以下，

教职以上，舆夫四人。杂职乘马"。

努尔哈赤于 1616 年建立后金。皇太极继承父志，在 1636 年定都沈阳，建立大清，为入主中原奠定了基础。天聪六年，皇太极"定仪仗之制，凡国中往来，御前旗三对，伞二柄，校尉六人"。几年后，皇太极才规定了御仗的数目和品官仪从，清朝天子卤簿制度自此见之于世。

清代初期，采用明朝旧

制。顺治三年之后，更定皇帝的卤簿有大驾卤簿、行驾仪仗和行幸仪仗。天子车舆有玉辂、大辂、大马辇、小马辇与香步辇，并称五辇。除香步辇外，前四种都是明朝车驾制度中所有。此外，清初天子的车舆还有凉步辇、大仪轿、明轿和折合明轿。

康熙在位时期，天子的卤簿、车舆制度开始成熟。至乾隆在位时期，礼制发展得最为完备，留下的相关记载史料也最为丰富，天子车马礼仪制度达到了鼎盛。乾隆八年改大辂为金辂，大马辇为象辂，小马辇为革辂，香步辇为木辂，玉辂不变，是为五辂，由銮仪卫掌管，并于乾隆十三年第一次使用。此后，五辂在天子卤簿中成为定制。中国国家博物馆收藏的独具艺术特色的国宝级珍品之一《乾隆南巡图》，描绘了乾隆皇帝第一次南巡的情景。图卷人物众

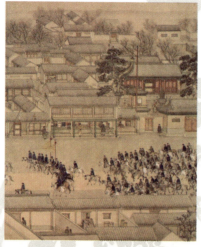

《乾隆南巡图》
（局部）

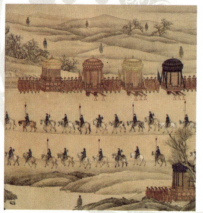

《乾隆南巡图》
（局部）

多，山川形势，城池车船，各行各业，林林总总，为我

们提供了清乾隆年间丰富而生动的历史信息，从中也能看出皇帝出行车驾的规模庞大及隆重。天子出行的车驾中，五辂因规模大、规格高、出行时更隆重，通常在各等卤簿中被设为礼制规格的一部分。辇舆是天子在宫廷日常出行的主要工具，因为规模结构较小，在礼仪制度上不像五辂要求得那么严格。

嘉庆在位时期，册封、大祀、朝会等场合的礼制都援引乾隆朝例，车马礼仪制度自此之后再无创新突破。至晚清中国近代化历程开始，天子车马礼仪制度逐渐衰落，以至消亡。

图书在版编目（ＣＩＰ）数据

造车趣谈 / 关晓武编著；刘托本辑主编. -- 哈尔滨 ：黑龙江少年儿童出版社，2020.2（2021.8重印）
（记住乡愁：留给孩子们的中国民俗文化 / 刘魁立主编. 第八辑，传统营造辑）
ISBN 978-7-5319-6473-5

Ⅰ. ①造… Ⅱ. ①关… ②刘… Ⅲ. ①车辆－中国－古代－青少年读物 Ⅳ. ①U270.9-49

中国版本图书馆CIP数据核字(2020)第005598号

记住乡愁——留给孩子们的中国民俗文化　　　　　　刘魁立◎主编

第八辑 传统营造辑　　　　　　　　　　　　　　　刘　托◎本辑主编

造车趣谈 ZAOCHE QUTAN　　　　　　　　　　　关晓武◎编著

出版人：商　亮
项目策划：张立新　刘伟波
项目统筹：华　汉
责任编辑：壬洪志
整体设计：文思天纵
责任印制：李　妍　王　刚
出版发行：黑龙江少年儿童出版社
　　　　　（黑龙江省哈尔滨市南岗区宣庆小区8号楼 150090）
网　　址：www.lsbook.com.cn
经　　销：全国新华书店
印　　装：北京一鑫印务有限责任公司
开　　本：787 mm×1092 mm　1/16
印　　张：5
字　　数：50千
书　　号：ISBN 978-7-5319-6473-5
版　　次：2020年2月第1版
印　　次：2021年8月第2次印刷
定　　价：35.00元